A Edouard DRUMONT
Député d'Alger

RAOUL MAYENCE

LES ANTIJUIFS A BARBEROUSSE

Préface de Lucien CHAZE

IMPRIMERIE OUVRIÈRE
9, rue du Quatre-Septembre, 9 (en face la Mairie)
MUSTAPHA

PRÉFACE

Mon cher Mayence,

Je viens de lire vos quelques feuillets sur le régime pénitentiaire en Algérie. Je vous en félicite en toute sincérité.

Vous méritez doublement d'être félicité. Pour avoir surmonté les difficultés d'une expérience que vous me permettrez de qualifier pratique, en l'espèce, et dont s'exprime votre étude. Et surtout pour vouloir tirer quelque bien du mal que vous avez souffert.

Vous êtes un jeune sage. Vous appliquez votre esprit scrutateur et subtil, dont la culture et l'érudition n'excluent pourtant pas dans ses manifestations multiples la caresse d'une douce philosophie, à démêler soigneusement les causes de la souffrance et des infériorités humaines. Ayant vu de très près et apprécié, discuté, jugé les tristes effets de ces infériorités et de cette souffrance, vous voulez remonter jusqu'à leurs causes profondes et les réduire. C'est très bien.

Car c'est la tendance et le fait de toute conscience droite, de toute intelligence courageuse, de toute nature indépendante, de vouloir donner à la collectivité l'apport de ses impressions vécues et de ses utiles constatations, de vouloir ajouter le contingent de ses efforts et de ses lumières aux forces acquises qui composent et desquelles résulte l'action sociale. C'est surtout la tendance d'un cœur comme le vôtre de bénéficier de sa propre douleur pour essayer d'atténuer la douleur de ses semblables. C'est surtout le fait d'un libertaire comme vous de dire simplement, sans parti-pris, ni passion, ni rancune, ce qu'il voit, ce qu'il sait, pour la réalisa-

tion plus rapide de ce qui pourrait être, de ce qui doit être.

Donc vous êtes allé villégiaturer pendant soixante-huit jours en la prison de Barberousse, sous l'égide tutélaire, et d'ailleurs suffisamment coërcitive de l'Etat. Jusque-là rien d'extraordinaire. Tant que la liberté ne règnera pas mieux sur la société meilleure, adéquate aux fonctions normales des associations et des individus, c'est encore à l'ombre des bastilles qu'elle trouvera ses meilleurs défenseurs. Et, réciprocité salutaire, c'est à l'ombre de ces mêmes bastilles que ceux-ci trouveront en elle leur meilleur soutien moral. (On est délivré de tant de choses en prison, n'est-ce pas?)

Ce qui devient plus instructif, chez vous, et plus méritoire, c'est qu'ayant vécu au milieu des prisonniers vous vous soyiez intéressé à leur sort, non seulement à l'abri des murailles qui pèsent si lourdement sur tant de mentalités diverses et sur cette servitude commune, mais encore après la libération.

Ce n'est point, du reste, un vulgaire sentiment de compassion qui vous inspire — ce sentiment existe au fond de tout être vivant dont la chair remue tant soit peu, l'image de la souffrance étant toujours pénible à voir, même lorsqu'elle atteint par hasard la couleur et les lignes d'une sublime esthétique. Dans votre modeste étude, je le sens, c'est un peu plus de justice que vous demandez pour ces contribuables (j'allais dire ces victimes) de la Justice. C'est la raison humaine qui vous inspire et vous fait poser en équation le minimum des revendications aussi légitimes que possibles de vos anciens compagnons de chaîne. Et de cette façon c'est tout à fait bien.

Certes, on rencontre de braves gens en prison. (On en rencontre même beaucoup parmi les gardiens — ce qui peut paraître en effet plus difficile à celui qui veut bien y réfléchir, étant donné, non leur origine, mais leur métier même). C'est ainsi que j'ai fait la connaissance d'un aimable et vaillant garçon il y a quinze ou seize mois, pendant que je purgeais un long carême. et vice-versa, en la même station d'Etat d'où les frimas de l'amnistie vous ont fait fuir. (Quel bon citoyen n'a donc pas aujourd'hui, à son actif, ses quelques mois de prison. Un jour il me fit même cadeau d'un dessin colorié qu'il avait exécuté lui-même et qui représentait « Le Chemineau » de Richepin, peut-être, en même temps qu'en témoignage d'estime pour moi, à titre de reconnaissance pour le robuste et chevelu poëte qui fait dire au sans-domicile *dont il nous conte l'odyssée, lorsqu'il arrive au* poste : « .... *Et c'est là qu'on trouve, en somme, les gens les plus comme il faut ». J'ai toujours là ce dessin, à côté d'un crayon grisement teinté de Steinlen, représentant aussi deux* chemineaux *et autrement artistique que le premier, je l'avoue, mais qui ne lui enlève pourtant pas la bonne couleur du souvenir. Je dois ajouter que j'ai conservé avec mon peintre et compagnon les relations les meilleures. Et pas plus tard que ces jours derniers j'ai reçu de lui une nouvelle lettre du pénitentier de Lambèze où il a été transféré depuis, et dans laquelle il me dit en substance, après m'avoir remercié de l'envoi d'un certificat qui lui permettra peut être de recouvrer un peu plus tôt sa liberté complète : « je ne ferais pas de phrases pour vous remercier de m'avoir tendu une main loyale. La meilleure façon de vous prouver ma reconnaissance, sera de redevenir ce que j'aurais toujours dû demeurer : un honnête homme, un travailleur conscient et bon.... »*

En faisant un retour vers ce bon temps-passé de Barberousse, je me rappelle aussi le chocolat tout chaud que notre brave ami Antoni me fit passer un matin dans une bouteille par le propice entrebaillement de la porte de ma cellule. Je ne sais comment il s'y prit, par exemple. Il est vrai que je lui retournai la bouteille avec une bonne ration d'absinthe dedans — il n'en avait pas bu depuis quatre mois ! Et nous étions cependant à quarante mètres l'un de l'autre, à vol d'oiseau, et nos cellules n'étaient pas au même étage.

Ce qui n'empêchait pas la surveillance d'être très bien faite, et que nous passions pour les prisonniers les plus sages, ce qui devait être vrai.

Mais j'ai tort d'entamer ce chapître. Gare à moi quand je remonterai là-haut, car cela m'attend plutôt que l'Académie française ou les simples palmes académiques.

Vous avez vu comme moi, mon cher Mayence, dans ce cortège de pitoyables vaincus, un tas d'anonymes bien intéressants, bien malheureux et bien misérables. Depuis de petits enfants qui devraient seulement connaître, ainsi que de jeunes passereaux, la chaleur affectueuse du nid familial avec la liberté de l'air — jusqu'à ces vieillards lamentablement courbés vers la terre, comme si la vie ne les avaient pas suffisamment écrasés et qu'il leur fallut encore une surcharge de chaînes pour laisser leur loque charnelle et sans âme s'affaisser sur le puant et poisseux bitume d'un cachot.

Vous avez vu ce défilé d'horreur, d'erreurs et de sacrifices. Mais ne bornant pas votre action à répandre votre pitié sur ceux qui sont tombés et presque perdus, vous avez pensé à ceux que les mêmes chutes attendent. Et vous demandez pour tous un peu plus d'équité, un peu plus de morale, un peu plus d'humanité.

Je désire sincèrement que votre voix soit entendue, je souhaite ardemment que la société, mieux instruite de ses droits de représsion et de ses besoins de légitime défense, pense dabord à ses devoirs d'éducation et d'assurance sociales. Et pour devenir plus juste avec ceux qu'elle appelle des malfaiteurs, qu'elle leur donne d'abord le bon exemple — et qu'elle en crée ainsi le moins possible.....

Lucien CHAZE.

A Edouard DRUMONT
Député d'Alger.

IMPRESSIONS DE PRISON

Grâce à la chaleureuse recommandation d'un sieur Sagardin, ou Chapardin, à qui la Justice accorde aveuglément ses faveurs, probablement parce qu'à son instar il boite, j'obtins autorisation de villégiaturer durant trois mois au sanatorium sururbain dénommé *Barberousse*.

Amnistié, je crois devoir ne point affecter une rancune inapaisable envers ceux qui m'imposèrent une extra-légale liberté.

Et j'assure de ma gratitude ceux qui concoururent à me procurer au rabais l'initiation aux étrangetés du régime pénitentiaire.

Certes, lorsque j'évoque Barberousse, je ne fredonne pas « C'est là que je voudrais vivre! » ; mais je suis satisfait d'y avoir vécu.

Prisonnier, j'ai moissonné des impressions dont je crois ce récit digne d'intérêt.

A l'occasion d'une réception du Ministre de la Guerre par Alger, plusieurs antijuifs, dont moi, furent arrêtés. On connaît l'histoire.

En geôle, nous passâmes la nuit dans une atmosphère d'ivrognerie et de latrines, à promiscuités des vermines.

Certes, une geôle ne peut rappeler la notion d'un boudoir ; mais l'usage du balai, de l'eau phéniquée et de la chaux ne sont pas interdits à nos commissaires de police.

L'exercice de la justice ne nécessite pas que les geôles aient des apparences d'égout ou de bourbier.

Le matin, comparution au Parquet ; interrogatoire pour la forme se concluant par nos arrestations définitives.

Pendant une brève absence du substitut, des mouchards qui me surveillent commentent ma protestation contre la partialité des agents qui arrêtent les manifestants antijuifs et protègent les judaïsants. Un d'eux déclare ne vouloir servir que ceux qui le payent, soit Lutaud et ses auxilliaires. Aveu cynique mais non banal !

L'initiation au dégoût continue. Nous sommes transférés à Barberousse en panier à salade, enchaînés.

Nous dûmes effectuer plusieurs fois le voyage de Barberousse au Palais, et retour. C'est une écœurante déambulation : Dans un étroit omnibus construit pour contenir dix personnes, quatorze sont entassées, non compris les gendarmes ; selon la corpulence des colis humains, deux ou trois doivent, pour pénétrer dans le véhicule, s'allonger sur les genoux pressés de ceux installés sur les banquettes. Une température élevée cause immanquablement des nausées d'asphyxie aux hommes ainsi transportés pendant une demi-heure.

Des gendarmes dirent devant moi qu'il conviendrait, lorsque le service de tramélecs Alger-El-Biar, fonctionnera, de l'utiliser pour le transport des détenus.

A Barberousse, inscription sur les régistre d'écrou, puis passage au caveau pour attendre que nos vêtements soient désinfectés.

Il faut se dévêtir en plein air et livrer jusques son chapeau, fut-il en soie ; ses chaussures, fussent-elles en drap blanc ; son pardessus, fut-il en astrakan, pour qu'ils subissent un bain d'eau phéniquée.

Cette opération terminée, les vêtements sont étalés sur le carrelage de la cour, supposé séchoir perfectionné. La règle prescrivant de tels procédés est tellement absurde que nul linge, même empesé, même neuf n'en peut éviter la rigueur.

Or, toutes ces pratiques sont vaines.

En effet, le vêtement et le linge *désinfectés* ayant

presque séché, ont doit les revêtir et les conserver pendant la durée de la prévention. Or certains furent prévenus pendant dix-huit mois. Désormais, fit-on cinquante fois le trajet de Barberousse au Palais et retour, dans l'omnibus spécial dont le poison et la vermine sont scrupuleusement respectés, les vêtements seront exemptés de lavage, comme la voiture.

Pour que le régime de désinfection fût logique, il faudrait qu'on y soumît tout vêtement rentrant à Barberousse, fut-ce pour la cinquantième fois en une même période de détention préventive, ou que la voiture cellulaire fut désinfectée après chaque transport.

Une complémentaire mesure de propreté conviendrait : ce serait qu'on imposât à tout détenu, prévenu ou condamné, le port de l'uniforme pénal — les raisons d'hygiène devant prévaloir sur toutes autres considérations.

Après la désinfection, mise en cellule.

Dans quinze mètres cubes d'air, sur une surface de six mètres carrés on doit habiter à trois. Pendant le jour, les matelas roulés occupent un tiers de l'emplacement. Les latrines, situées dans un angle occupent un demi mètre carré.

C'est là qu'il faut s'abrutir en attendant les périodes de promenade : de 7 h. à 9 h. le matin et de 2 h. à 4 h. le soir. Lorsqu'il pleut, la promenade est supprimée, la cour n'étant pas pourvue de préaus.

La cellule cumule les utilités de réfectoire et de dortoir ; les latrines servent de lavabos.

De l'eau est distribuée dans des récipients carrés en fer blanc, façonnés avec des bidons à pétrole ; il faut puiser là avec un quart pour boire ou s'abblutionner.

Pas de savon gratuit aux prévenus ; aucunement aux condamnés ; les draps servent de serviettes.

Si quelque soin du corps, quelque pratique d'hygiène plus minutieuse tente, il s'en faut abstenir car, quoique le règlement prescrive à l'entreprise le service d'un bain bi-mensuel aux prisonniers, la sollicitation du bain n'est jamais provoquée des intéressés.

En outre, l'audacieux qui se décide à noyer quelques uns des poux que lui départit l'administration est aussitôt dégoûté de ce genre de rébellion, car les résultats en sont dérisoires.

La salle de bains est une pièce aux dimensions de cellule ; deux brignoires pour détenus, en zinc crasseux, suroxydé, déformées par l'usage, et une pour gardiens, en marbre, y encombrent.

Cet agencement est censé correspondre aux besoins de 400 pensionnaires.

Donc, la plupart évitent le bain, qu'on ne leur impose pas.

Je dois signaler l'existence de trois appareils à douches, modèle rudimentaire, ne fonctionnant pas souvent.

Relativement à la question des bains je demande d'où provient cette inconséquence : chaque nouveau pensionnaire de Barberousse, quelque épaisse et puante que soit la couche de crasse revêtant sa peau et quelque abondant que soit son trésor de vermine, n'a pas l'honneur de s'entendre offrir un bain et un savonnage libérateurs — tandis qu'on épure ses nippes.

Donc, lorsqu'il revêt ses habits il les recontamine ; d'où l'abondance de vermine et l'insupportable puanteur des cellules.

Au dépôt de Paris, plus de logique régit l'hygiène de l'établissement.

La douche et le savonnage y sont de rigueur pour chaque nouvel écroué ; la désinfection des vêtements y est subordonnée à la nécessité de l'opération ; enfin, la désinfection a lieu par le système d'étuvation seul efficace et non funeste aux habits.

Quelques mots du régime alimentaire :

Un procès en cours renseignera la population sur la qualité du pain qu'on déguste à Barberousse, et qui constitue, avec un riz amorphe qu'on reçoit pour le repas du soir, l'aliment des prévenus pauvres et des condamnés.

Quelques mots sur la salubrité de l'établissement :

Chaque cellule, chaque salle comportent des latrines non encloses, l'infirmerie exceptée.

Les cellules ont à deux un écoulement de latrines commun, d'où résulte une réciproque communication d'odeurs, et même l'obstruation des conduites, très fréquement.

Le phénol ne pénètre jamais dans les cellules.

Les salles sont rarement humectées de ce produit ; le salpêtre s'y encroute ; l'amoniaque et l'acide sulphydrique y permanent.

Au caveau — salle d'attente des habits en désinfection — le sol environnant les latrines est inabordable, étant recouvert d'une large mare d'urine boueuse et colorée comme un vitrail ; cela doit dater de plusieurs mois.

Dans d'autres salles, les murs, dits blanchis à la chaux, sont tachés de plaques multicolores, nuancés d'ocre, résultat des émanations latrinaires.

Une de ces salles ne fût-elle pas improvisée infirmerie, quoique onze carreaux manquassent à ses douze fenêtres ! Nous dûmes vitrer en papier.

Revenons en cellule.

Chaque cellule doit être meublée d'une petite table et d'un tabouret. Or, cet ameublement n'est accordé qu'exceptionnellement. On doit s'asseoir sur le bitume ou sur le siège des latrines.

C'est ainsi qu'on s'installe pour gloutonner la ration de soupe ou de colle de riz.

De plates paillasses d'alfa enveloppées de toiles pisseuses, verdâtres et puantes, sont les couchettes ; des torchons parfois encore pollués sont les draps, linge de toilette, en outre, ai-je dit.

C'est pour l'envoyer croupir là qu'on désinfecte au prévenu son vêtement.

Sur ce putride galetas, il faut séjourner pendant 13 heures consécutives : de 5 h. 1/2 du soir à 6 h. 1/2 du matin.

On passe 7 h. par jour dans ces latrines nommées cellules, passivement. Que l'immobilisme réglementaire exaspère un malfaiteur jusqu'à l'inciter à crayonner sur le mur ou chantonner, cela se paye par du cachot et de la discipline.

Et il n'y a pas d'extrait du règlement dans les cellules !

Certes, les chatiments disciplinaires sont utiles parfois, mais seule les nécessite l'oisiveté forcée où vivent les détenus pendant des périodes de prévention atteignant parfois un an et demi,

Avant de conclure mes critiques par des idées de réformes, je dois indiquer d'autres étrangetés du régime de Barberousse.

Théoriquement, Barberousse n'a point d'hôpital, mais une infirmerie où s'admettent les détenus auxquels suffit un régime de convalescence pour les restaurer d'un épuisement.

Les conditions théoriques de ce service impliquent que tout détenu dangereusement malade doit être transféré à l'hôpital, aux frais de l'entreprise — fixés au cahier des charges.

La médication doit s'y borner à des pansements, purges, vomitifs — aux traitements rudimentaires.

Par conséquent, on ne devrait jamais mourir à Barberousse.

Or, on y meurt.

Et tels qui, quoique très malades n'y meurent pas et en sortent ne se rétablissent jamais des dérisoires soins qu'ils y reçurent.

J'ai vu en 2 mois 3 malades quasi-mourants.

Cela implique que les conditions du cahier des charges ne sont pas observées par l'entrepreneur.

Les malades maintenus abusivement à l'infirmerie s'y doivent sastisfaire du régime de simple réconfort. La viande saignante, les cordiaux substantiels, les aliments de luxe n'étant pas indispensables pour le traitement d'un malaise superficiel, l'entrepreneur, logique en son abus, n'en accorde pas aux malades dont il cultive, par avarice, le dépérissement.

Abstraction faite des visites du docteur auquel souvent les malades dissimulent leur déplorable état par crainte des rancunes administratives, le service de l'infirmerie est effectué par des détenus.

Comment se peut-il que les commissions pénitentiaires, des hommes compétents en questions d'hygiène et de thérapeutique tolèrent cette monstruosité : l'adjudication d'un service médical dans une prison.

Le service d'infirmerie devrait être excepté de l'entreprise. Un malade n'est plus un prisonnier.

Une infirmerie de prison devrait ressortir du service de l'Hôpital civil ; la visite de ses malades incomber aux docteurs de cet établissement ; leur soin à ses internes ; leur régime alimentaire et thérapeutique s'assurer comme supplémentaire de celui de cet hôpital.

Passons à la buanderie.

Le service en est fait par deux détenus, lesquels entretiennent en un état de demi-saleté perpétuelle le linge et les vêtements de la prison ; ils exercent aussi la fonction de désinfecteurs.

Résultat : à l'infirmerie j'ai du conserver les mêmes draps pendant cinquante jours.

Il n'existe pas à Barberousse de service de raccommodage du linge.

La plupart des draps y sont troués. A l'infirmerie, chemises et caleçons manquent généralement de boutons ; tout ce linge est en déplorable état, en loques. La plupart des chemises manquent d'un poignet, d'une demi manche, du pan de devant ou de celui de derrière, les caleçons sont amputés d'une demi jambe ou dépourvus de fond.

De tout cela ne ressort-il pas que l'abandon par l'Etat de l'entretien des prisons et des prisonniers à tels peu scrupuleux et peu contrôlés adjudicataires constitue un contrat criminel ?

Quand comprendra t-on qu'il est des services publics ne pouvant s'attribuer par enchères,

Le service des prisons devrait être quasi-militariste les prisonniers étant considérés comme des soldats punis, contraints de fournir en travail l'équivalent de leur coût.

La plupart des travaux d'une prison peuvent s'effectuer par ce mode de réquisition.

Des équipes d'hommes de même métier pourraient être constituées par choix lans les diverses prisons d'un département, pour être utilisées à la demande de l'une d'entre-elles.

Les prisons pourraient fournir jusque leurs boulangers. Et ainsi disparaitrait l'exploitation du prisonnier par d'infâmes nègriers, tondeurs du bétail de justice, dont la pâture même leur est sujet à spéculation.

Ainsi disparaitrait l'oisiveté dégradante imposée aux prévenus et l'esclavage affolant que doit subir un condamné.

Ne saurait-on à quel emploi affecter les masses pénales, hors du service de leurs besoins ?

A ce que font les soldats condamnés aux travaux publics : de la colonisation préparatoire, donc !

L'emploi de la masse pénale française à des travaux de défrichement, de reboisement, d'assèchement, de canalisation, de voies ferrées, de routes, etc., avancerait de cinquante ans l'époque de prospérité de l'Algérie, par exemple.

Tout châtiment judiciaire devrait se traduire en travail directement exploité par l'Etat au profit de la Nation, en production dénuée de demande.

Un livre serait nécessaire pour développer ce sujet.

Présentement, les prévenus laissés oisifs et en collectivité n'ont de recours contre l'ennui que la conversation criminelle.

Le condamné, esclave excédé d'un adjudicataire insatiable, cultive sous le joug l'idée fixe de représailles. Par surcroît, l'ironie ajoute à son fardeau : le catholicisme est l'officiel auxilliaire du régime de correction.

A Barberousse, on dit la messe les dimanches et grandes fêtes.

J'ai vu des juifs, des protestants français, des marins anglais assister à ce spectacle.

Le prêtre y ajoute un sermon.

Le jour de la Toussaint, il conclût ainsi son spech : « Certains saints avaient commencé leur vie en criminels ; donc les plus grands criminels, comme vous, mes frères, peuvent devenir des saints ».

Du travail régénérateur, un rigoureux régime hygiénique, un enseignement simple sur la dignité humaine et sur les rapports sociaux porteraient en prison plus de fruit moral que le jargon mystique d'un prêtre.

*
* *

Je concluerai par quelques considérations sur le délit politique.

Il peut être utile pour la sauvegarde de l'évolution d'un peuple de lui imposer une certaine discipline civique : le respect des institutions ou des méthodes nationales de progrès, qui doivent se manifester par des relations productrices d'égalité économique, de noblesse morale, d'honoration du travail et de mépris des parasitismes.

En France, le système disciplinaire civique s'est instauré en 1789. Depuis on considère la société française comme une œuvre en cours qui doit s'accomplir par la réalisation de sa devise : Liberté, Egalité, Fraternité.

Est coupable d'incivisme, délinquant politique, quiconque, simple citoyen, représentant du peuple ou fonctionnaire, viole le sens de ce contrat.

Le code a prévu des formes de ce délit, mais non toutes. L'attentat contre la sûreté de l'Etat, la corruption de fonctionnaire, la concussion, certaines infractions de fonctionnaires aux règles de leur charge, certaines manifestations d'irrespect à l'égard des fonctionnaires, certaines formes de revendication politique sont plusieurs de ses formes.

En principe, ces choses sont bien ; mais en pratique l'idée, c'est parfois tout autre.

La répression confond souvent la forme et le fond du délit. Ainsi, la constatation officielle d'un délit de fonctionnaire est chose extraordinaire quoique les fonctionnaires délinquants pullulent ; tandis que la constatation d'un délit politique commis par un citoyen est banalité judiciaire.

Or, qu'est-ce qu'un délit d'incivisme commis par un citoyen ? Une sorte de témoignage spontané, de conscience et parfois de certitude contre l'indignité d'un fonctionnaire — les fonctionnaires vont de la présidence de la république aux balayeurs de rue. Il ne devrait pas y avoir de témoignage dédaigné. Le code prévoit la valeur-témoignage de la *rumeur publique*, contre tel ou tel citoyen.

Cette *rumeur* s'exploite par les Gouvernements pour baser des procés politiques visant de simples citoyens; pourquoi donc serait-elle considérée comme vaine et même délictuéuse lorsqu'elle inculpe des fonctionnaires ?

Que telle accusation publique d'un citoyen contre un autre pour tel fait ne constituant pas exactement un délit soit chatié comme délit de diffamation, le résultat, quoique discutable, a quelque légitimité; mais que le même sens soit attribué à la protestation d'un contribuable contre son employé, fut-il préfet, etc., cela constitue un non-sens.

S'il est interdit de prouver une diffamation au civil la preuve d'une assertion devrait être exigée au civique.

Le parquet devrait traduire tout citoyen protestataire, afin d'explication de ses propos; faire enquêter relativement à la conduite des fonctionnaires accusés par le peuple, afin de décider quant à leur cas. Des citoyens non fonctionnaires — tels les jurés — participeraient à l'enquête.

Ainsi, quelques articles du code, dont le 222, changeraient de signification.

Reste à discuter de la pénalité politique.

Un fonctionnaire coupable d'incivisme encourt la peine de la dégradation civique; un citoyen encourt celle de l'emprisonnement, et pour telles formes du délit — les moins aigues, parfois — il relève du régime de droit commun !

Attenter contre la sûreté de l'Etat est un délit politique; protester verbalement contre un magistrat — le journalisme est sacré — est un délit de droit commun.

Je remercie les journalistes qui me défendirent comme confrère, quoique je fusse détenu comme banal citoyen, et je les prie de réfléchir à cette distinction.

Je requiers aussi leur attention sur ces contradictions : Le délit de diffamation envers un particulier comporte pour le délinquant le bénéfice d'un régime dit *politique* (!) et celui d'*outrage* — O les mots — à un magistrat, procure les vexations du droit commun.

Si l'injure est écrite — délit politique ; si elle est parlée - délit criminel.

Nous suffit-il d'être privilégiés, ô journalistes !

Le sujet est fécond en développements, et je le reprendrai, mais présentement je dois me borner proportionnellement au format d'une brève brochure.

Raoul MAYENCE.

RESTAURANT du LION

PLACE DE LA PÊCHERIE
ALGER

PLACE DE LA PÊCHERIE
ALGER

L. FOUCOU & Paul BOUDE

PROPRIÉTAIRES

SERVICE A LA CARTE -- PRIX MODÉRÉS

CACHET A 1 Fr.

TOUS LES JOURS BOUILLABAISSE ET FRUITS DE MER

ON PREND DES PENSIONNAIRES

— Comment, toi, si gros ?

— C'est tout simple, je me sers de l'appareil spécial de **SILVENT**, *dentiste, 22, rue de Constantine, 22 Alger.*

L'ABSINTHE CONILH

EST LA MEILLEURE DE TOUTES LES MARQUES CONNUES

www.ingramcontent.com/pod-product-compliance
Lightning Source LLC
LaVergne TN
LVHW020509230826
846091LV00008BA/3418

* 9 7 8 2 0 1 9 9 3 3 8 8 3 *